《认识中国》编写组 编著

你好，中国
HELLO, CHINA

图书在版编目（CIP）数据

你好，中国 /《认识，中国》编写组编. —— 北京：北京语言大学出版社，2012.12（认识中国）
ISBN 978-7-5619-3397-8

Ⅰ.①你… Ⅱ.①认… Ⅲ.①中国—概况—青年读物
②中国—概况—少年读物 Ⅳ.①K92-49

中国版本图书馆CIP数据核字(2012)第248108号

声　　明
本书封面所用地图审图号 GS(2008)1411号
本书图片主要来自CFP汉华易美、全景视觉、fotoe等图片库

书　　名：	你好，中国（认识中国系列丛书之一） NIHAO, ZHONGGUO
责任印制：	姜正周
出版发行：	北京语言大学出版社
社　　址：	北京市海淀区学院路15号　邮政编码：100083
网　　址：	www.blcup.com
电　　话：	发行部　86-10-82303650 / 3591 / 3651 编辑部　86-10-82303367/3392 读者服务部　86-10-82303653 / 3908 网上订购电话　86-10-82303668 客户服务信箱　service@blcup.net
印　　刷：	北京华联印刷有限公司
经　　销：	全国新华书店
版　　次：	2012年12月第1版　2012年12月第1次印刷
开　　本：	787毫米×1092毫米　1/16　印张：4.25　插页：1
字　　数：	25千字
书　　号：	ISBN 978-7-5619-3397-8/ K·12185 05800

凡有印装质量问题，本社负责调换。电话：86-10-82303590

目　录

① 热身活动
02-04

② 你知道他们吗？
05-24

③ 在中国旅行
25-56

④ 中国的世界遗产
57-63

热身活动1 让我们先在世界地图上找一下中国的位置吧。

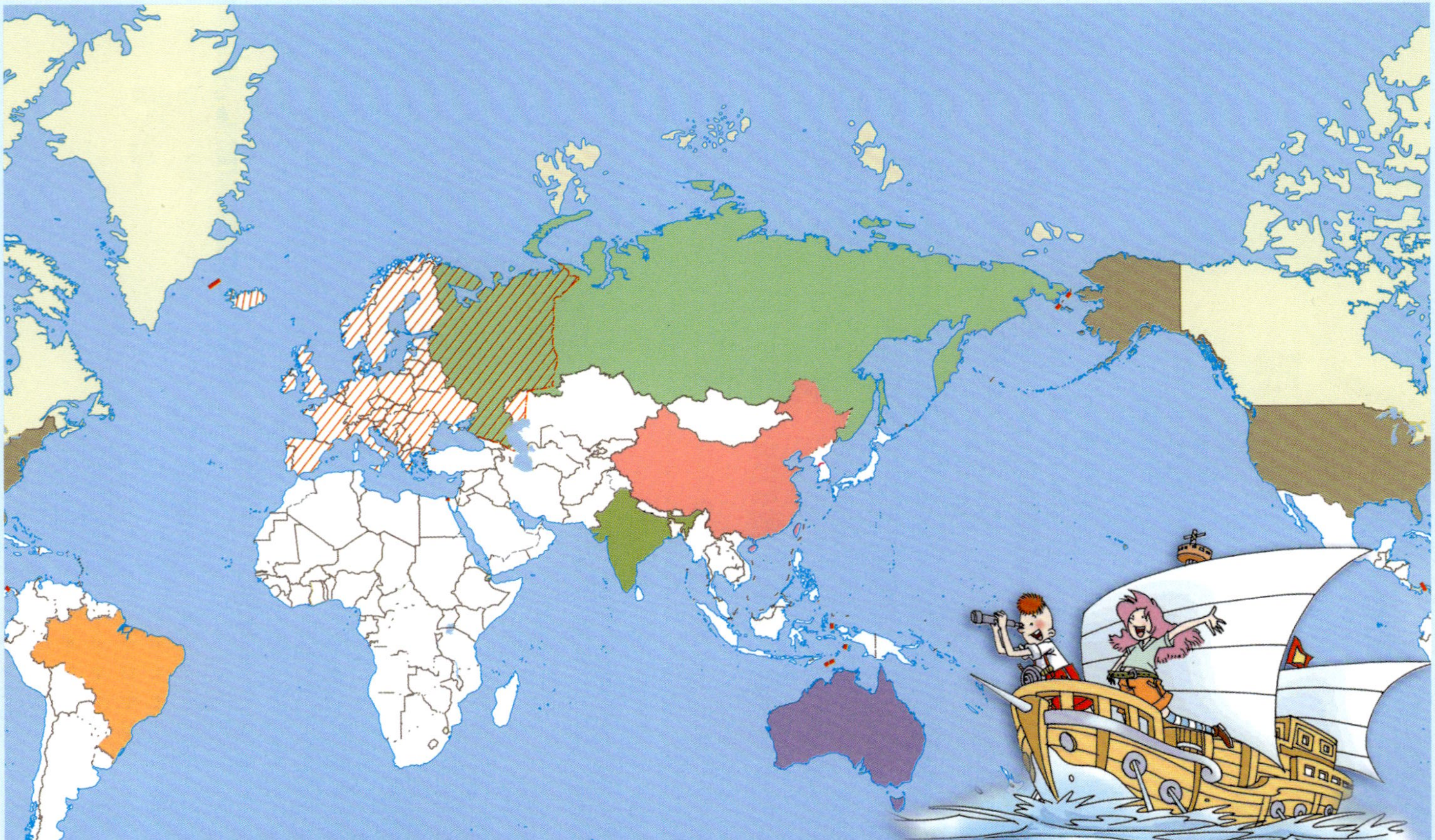

有没有发现，中国并不难找。它在北半球的亚洲东部，陆地面积960万平方公里，差不多同整个欧洲一样大。

热身活动2　再让我们来数一数，与中国相邻的国家有多少个呢？

在地图上可以看到，与中国陆地接壤的国家有14个。

中国的北面是沙漠和森林，西南方向是连绵高山，有名的青藏高原就在这里。东边面对着太平洋，有长长的海岸线。

青藏高原上有世界上海拔最高的山峰，你知道是什么山峰吗？

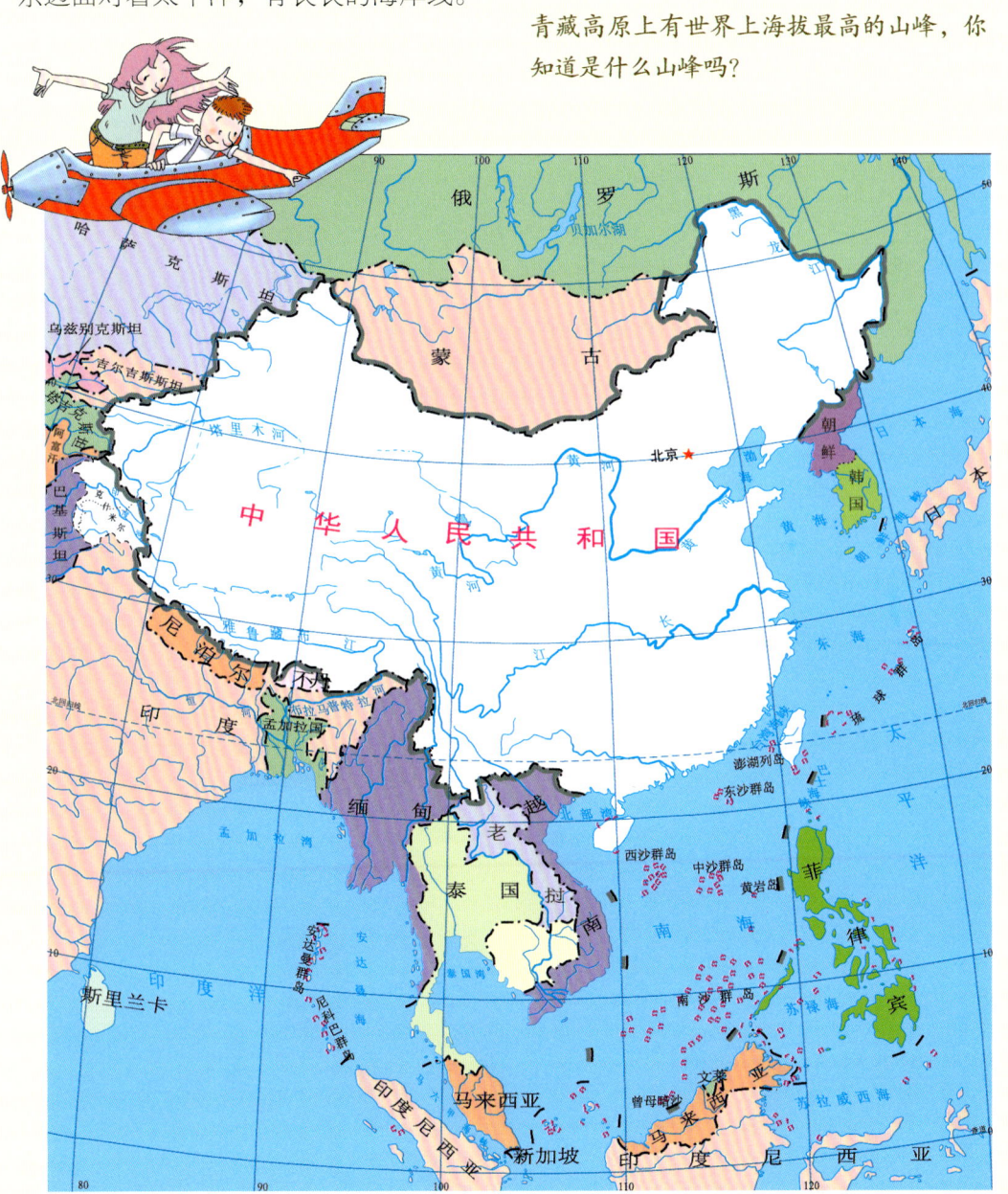

热身活动3　试着从下面这些国旗中找到中国国旗，中国人把它称为"五星红旗"。

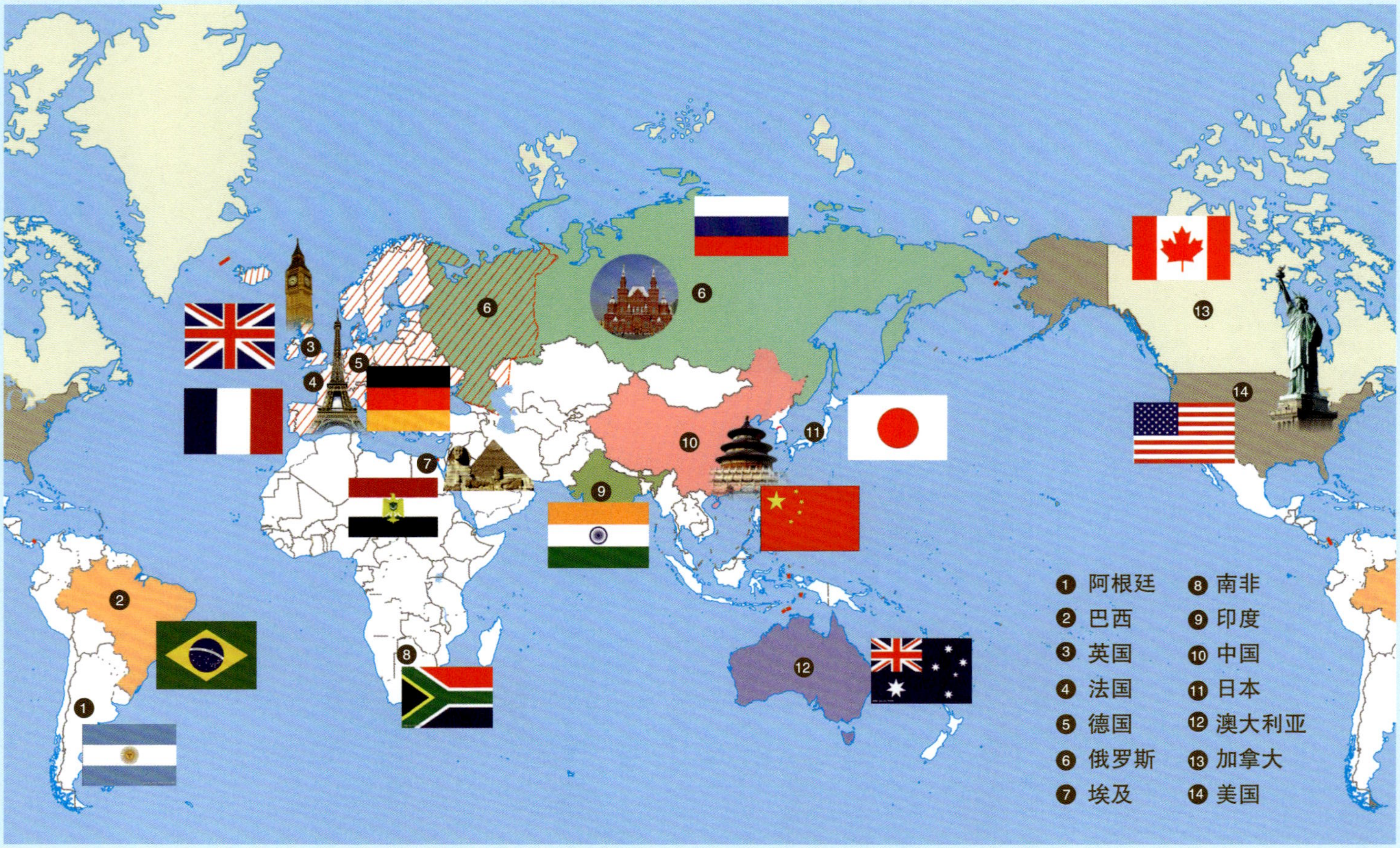

❶ 阿根廷	❷ 巴西	❸ 英国	❹ 法国	❺ 德国
❻ 俄罗斯	❼ 埃及	❽ 南非	❾ 印度	❿ 中国
⓫ 日本	⓬ 澳大利亚	⓭ 加拿大	⓮ 美国	

1949年，中华人民共和国成立，定国旗为"五星红旗"。从那时到现在，中国发生了巨大的变化。你知道是什么样的变化吗？如果再告诉你这个国家有几千年的历史，你会觉得惊讶和好奇吗？现在让我们来认识她吧。

你知道他们吗？

如果人们聊法国，大多会提埃菲尔铁塔、凯旋门、巴黎时装、香水……如果聊起美国，自然是自由女神像、白宫、华尔街、好莱坞、NBA……那么，中国呢？

下面这些通常被认为是中国的标志物，或者称他们为中国符号。我们就从这些符号开始认识中国之旅吧。

★ **Do You Know Them?**

大熊猫

大熊猫的故乡是中国。据说这种动物在地球上已经生活了800万年。不过,现在它的家族成员只有1000多只了,所以它们绝对是中国的国宝。

大熊猫虽然是一种很"老"的动物,但长得却非常可爱。圆圆的身子,黑黑的眼圈,憨态可掬,人见人爱。

看看,大熊猫的食物是什么?

大熊猫经常作为中国的使者出国,到哪里都很受欢迎。你见过它们吗?

你知道这是什么标识吗?

提示:如果想到中国看熊猫,就去四川卧龙大熊猫保护区吧。查一下中国地图,看看四川在中国的什么地方?

虽然有可爱的大熊猫做使者，中国对你来说可能依然神秘而陌生。那就让我们尝试找找身边的"中国"吧。

瓷器

一早醒来，你像往常一样端起一杯咖啡。这时，你也许就会与中国相遇。这个瓷器做的咖啡杯就与中国有关，因为瓷器是中国人发明的。在英语中，china与China是拼写完全相同的两个词，把它们联系在一起其实并不困难。

中国生产瓷器的年代，可以追溯到3000多年前，1000多年前就非常繁荣了。那时的瓷器完整保存到今天，将是一件价值连城的艺术品。

这是1000年前的一件中国瓷器，2012年4月，它以2665万美元拍卖成交。

北宋汝窑天青釉葵花洗

在上千年的历史中，中国瓷器通过陆路和海路源源不断运往世界各地，海路上还形成了陶瓷之路。在一艘800年前沉没的中国古船上，人们打捞出大量精美瓷器，其中有一些与中国瓷器风格完全不同，专家们推测这是当时国外的定制瓷器。这一说法让人忍不住联想：世界各地究竟还流散着多少中国制造的瓷器呢？

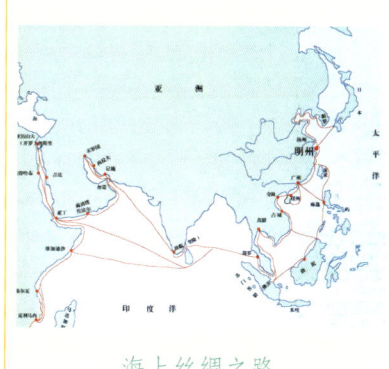

海上丝绸之路

你好，中国 > 7

　　瓷器的品种实在是太丰富了！可以只用一种颜色（如1、3、6），也可以画上精美的花纹（如4、8、9），还可以讲述故事（如7）；可以做成实用容器（如2、3），也可以做成只用于观赏的造型（如5），还可以做成具有欣赏性的实用品，比如6，你能看出这个可爱的瓷娃娃还是一只枕头吗？

你知道他们吗？

陶瓷之路也称为海上丝绸之路，这个名字来源于那条穿越欧亚大陆的著名路线——丝绸之路。

2000多年前，商人们就在这条路上从事着"国际贸易"，把中国的物品运往西方，也把西方的物品带入中国。在带出去的物品里，最受欢迎的是丝绸，丝绸之路也因此得名。

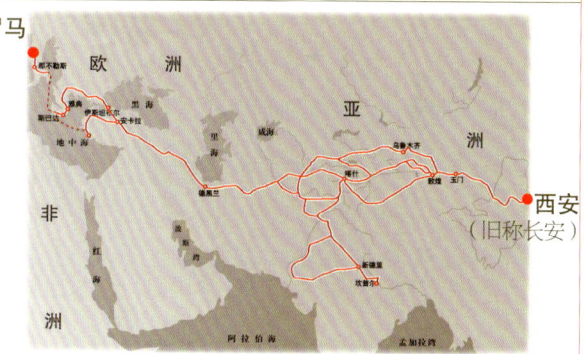

丝绸

即使在今天来看，丝绸依然是一种华美而舒适的织物。而织丝这件事情，根据最新的考古发现，5000年前的中国人就已经做到了。

当时的中国人会想到用蚕丝来织成衣物，这的确是富有想象力的。更让人好奇的是，直径0.005毫米的蚕丝是如何被抽出来的呢？如果你觉得这个数字太抽象，可以换一个说法，我们如何才能把一根头发丝分成10份呢？由此，我们也不难想象，一个拇指大小的蚕茧中能抽出的蚕丝有1000多米长。这在5000年前将是多么壮观的景象！

你好，中国 > 9

这是一块牛骨，看到上面的刻痕了吗？

再放大一些，看看它们是随意刻画的吗？

现在可以清楚地看到，这些看起来简洁的划痕是3000多年前汉字的早期字形——甲骨文。

甲骨文　金文　小篆　隶书　楷书

这是今天中国人使用的汉字。

简体字　　　　繁体字

瓷器与丝绸很早就从中国传播出去，今天仍是人们的日常用品，可以说是古老中国对世界作出的贡献。而中国的文字——汉字则影响了亚洲周边国家。如果你是欧美人，你会觉得汉字很有趣，像画画儿一样，但对于日本人或韩国人来说，它却并不陌生。所有"汉字文化圈"里的国家都曾经或正在使用着汉字。

中国漫长的历史也因为汉字而被完整记录下来。另外，这种表意性很强的文字对中国人思维方式的影响也是非常深远的。

汉字

现在的汉字有两种形式，简体字和繁体字。不过，不管是简体字还是繁体字，都有书写的规矩——固定的单位，称为笔画；固定的书写顺序，称为笔顺。所以，汉字虽然看起来像画儿，但它是写出来的，而不是画出来的。

当汉字的书写变成一种艺术时，中国人称它为"书法"。

提示：（1）你知道什么是文房四宝吗？查查它们都是哪些物品，都是用来做什么的？
　　　（2）为自己取一个中文名字，并用汉字把它写下来，制作成一件汉字T恤衫。

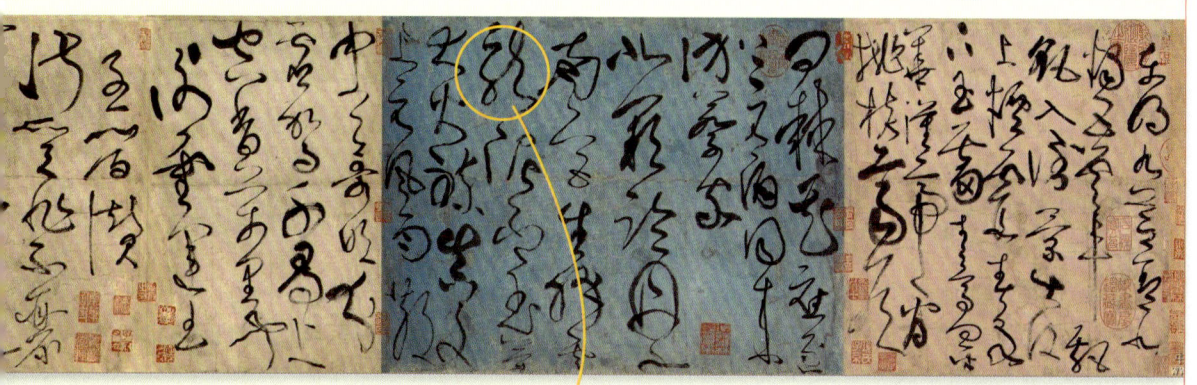

这是繁体的"龙"字,看起来就像真的游龙一样。这种书法称为草书。

这是繁体"龙"字常规的写法。是不是觉得很复杂呢?

龙也像这个字一样复杂,是由很多种动物组成的。

中国龙

龙是中华民族的图腾,但在真实世界中却并不存在。对大自然充满敬畏的远古人把九种动物融合在一起,塑造出了神秘而无所不能的龙。

虽然世界上很多地方都有龙崇拜,但中国龙仍有自己的独特象征。大旱的年份,人们都会去拜"龙王庙",祈祷龙王呼风唤雨,洒下甘霖,为贫瘠的大地带来福音。更重要的是,中国古代最高统治者——皇帝被称为真龙天子。如果你穿越到中国古代,遇到穿着龙袍的人,那个人很可能就是皇帝。这是龙所体现的至高无上的权威。

提示:龙是中国的十二生肖之一。查查中国的生肖表,看看你的生肖是什么?

龙是皇权的象征，所以中国龙出现最多的地方是古代的皇宫。今天保存最完整的古代皇宫是北京的故宫，在1911年之前的近500年里，皇帝们都在这里生活。

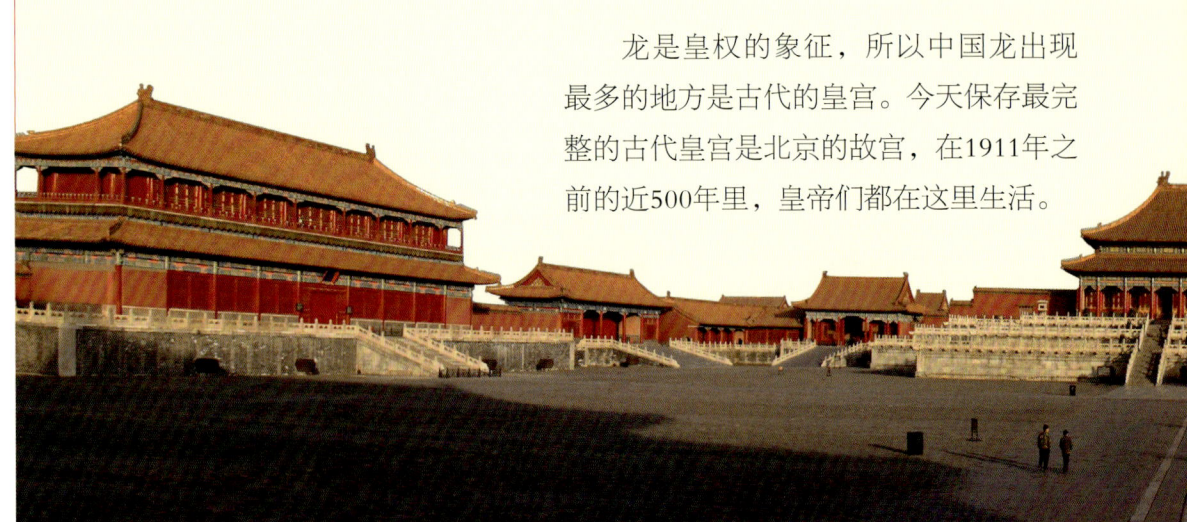

故宫

在各种宣传页上，故宫常作为中国的标志性建筑出现，红色的外墙，黄色的屋顶，庄严而气派，但一个重要的细节可能被错过了。仔细观察你会发现，故宫的建筑都是由木头搭起框架，并采用一种称为榫卯的结构来连接，上面没有一根钉子！

你知道他们吗？

北京，今天中国的首都。2008年，第29届奥运会在北京举行。

故宫共有8000多间房屋，分为前后两部分，前面是办公的地方，称为前朝，后面是居住的地方，称为后宫，前后建筑风格差异很大。游览故宫，不建议在炎热的夏天，因为长长的前朝几乎连一棵可以遮阴的树都没有。这是为什么呢？有一种说法是，人们朝见皇帝，经过一道又一道门，登上一座又一座大殿，在纯粹的建筑空间中，至高无上的权威才能得到充分的体现。

前朝

后宫

★ 故宫中的龙

提示：登录故宫博物院主页www.dpm.org.cn，可以深入了解故宫。

你好，中国

如果说故宫呈现出的是庄严，那么在中国更古老的皇城——西安，我们可以感受震撼。20世纪70年代，西安郊区挖掘出一支震惊世界的"军队"，它们在地下已经站立了2000年。考古学家把它们称为兵马俑。

将军

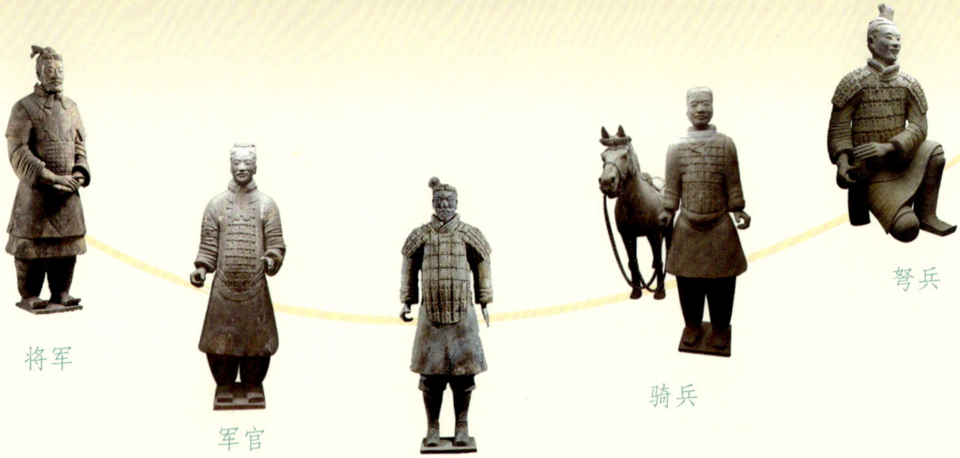

军官

步兵

骑兵

弩兵

你知道他们吗？

兵马俑

　　远看，它们有着惊人的数量，气势雄壮；近看，它们有严格的布阵——指挥官、步兵、骑兵、车兵、弩兵，严阵以待。这些用泥烧制而成的陶俑大小与真人无异，每个俑的样貌都不相同，就好像一个真实的军团被埋到了地下，兵马俑的写实风格令人震撼。

　　为什么会有这样不可思议的兵马俑群呢？答案不知是否让你感到吃惊：这是中国第一位皇帝——秦始皇的陪葬品。

提示：
（1）查一查西安在古代的名称，它与丝绸之路有什么关系呢？
（2）秦始皇能做出这样惊人的举动，他是个什么样的人呢？

你好，中国

公元前221年，秦始皇打败当时其他六个小国，统一了中国，建立了秦朝。他把自己称为始皇帝，也就是帝国开始的第一个皇帝，希望可以万代相传。谁知到他儿子手上，秦朝就灭亡了。秦始皇建立的帝国历史很短，但他当政期间，却做出了很多影响中国历史的大事，其中之一就是修长城。

长城

长城并不是从秦朝才开始修的，在秦统一中国以前，北方的几个小国就已经有了这种人工修建的军事屏障。秦始皇下令把它们连起来，变成了一道真正的"长"城。

你知道秦始皇做了哪些影响中国历史的大事吗？

另外，今天大多数人登上的长城也不是秦始皇修的。秦始皇的功绩在于，他影响了后来的中国皇帝，他们不断地延续这种军事策略——修长城。目前保留的长城大多是600多年前的明朝修建的，它从东部山海关到西部嘉峪关，绵延数万里（里是中国长度计量单位），所以被称为"万里长城"。2009年，中国最新的测量报告显示，明长城实际长度是8851.8千米（相当于17703.6里）。

你知道他们吗?

这块碑上写的是以下几个汉字——不到长城非好汉。要想做好汉,就来登长城吧!但在修建一新的阶梯上走完长城,怎会过瘾?中国还有很多这样的残长城等着你来探索……

嘉峪关

山海关

你好,中国 > 17

现在,你已经了解了好几个与中国有关的重要关键词:大熊猫、瓷器、丝绸、汉字、中国龙、故宫、兵马俑、长城。下面我们该认识几个重要的中国人了。

姚明

他是姚明,一个曾经在美国NBA打篮球的中国人。据说很多人是因为姚明而知道中国。

2.26米的姚明,在世界任何地方,都不是一个普通人。在13亿多人口的中国,他当然也很特殊。18岁以后,作为职业运动员的姚明大部分时间在美国,不过他的童年和青少年时期一直都生活在中国最大的城市——上海。上海是中国现代化程度最高的城市之一,这种成长环境在很大程度上帮助姚明更好地适应美国的生活。

像很多中国年轻人一样,姚明喜欢读中国古代的故事,其中有一类称为武侠小说,书里面的人差不多都会功夫。姚明说,他从中学到了打球的哲学。

上海,中国最大的城市,2010年举办世博会。

你知道他们吗？

小说里神奇的功夫常常出自小说家的想象，但中国功夫的确存在。如果你对功夫并不感到陌生，那大概得益于一个人——李小龙，是他将"Kung Fu"这个词写进了英文词典。即使已经离开人世几十年，李小龙依然是很多人心中的偶像。可以肯定的是，在电影中，他的动作都是真实的。

李小龙

为什么李小龙会有无数的崇拜者呢？这显然不能简单地用强悍的体能来解释。从小就习武的李小龙，在综合各家的功夫后，提炼出一套完整的功夫哲学，在与自身气质的融合中，体现出无穷的魅力。

事实上，所有高超的功夫都不是单纯的动作。中国人说"练武不练功，到老一场空"。也就是说，虽然外在的动作需要长期的练习，但如果没有内在力量的积累，就练不成真正的功夫。

这种看起来不可思议的动作，如果没有内在的力量，怎么能做到呢？

你好，中国 > 19

功夫的练就需要时间和天分,所以真实生活中,会功夫的也只是少数人。实际上,在中国传统思想中,"习武"远远比不上"读书"重要。这里的"读书",今天可以理解成上学,而在古代中国,则是指读一类专门的书,只有读好这些书,才有可能功成名就,获得较高的社会地位。这些观念的形成与2000多年前的一个中国人有密切的关系。这个人原名孔丘,中国人尊称他为孔子。

孔子

孔子生活的年代,小国林立,战乱不断,社会动荡,但思想却极其活跃,影响中国历史的伟大思想家几乎同时出现在这一时期。他们开放地表达自己的思想,传播自己的学说,那真是一个群星灿烂的时代。

这个时期在历史上称为轴心时代,世界上同时期出现了许多伟大人物。

释迦牟尼

苏格拉底

柏拉图与亚里士多德

孔子是这群伟大思想家中的一个。他是个务实的人,积极地向多个国家推广自己的治国想法。所以英国哲学家罗素说,孔子不是宗教家,而是个注重实际的政治家。除了治国,在家庭伦理和个人修养方面,孔子也有一套独立的价值体系。

中国后代的君主非常推崇孔子的想法,并不断延续和完善他所创立的这一学说。在漫长的历史中,这些价值观念渗透到中国人日常生活的方方面面,也影响了中华民族的性格。这种影响深远的思想就是儒家思想。

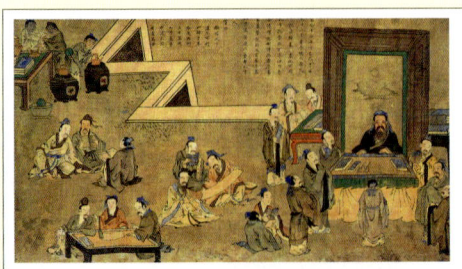

孔子自己没有写过书,不过他的弟子把他和弟子们说的话编成了一部书——《论语》。

儒家思想在生活中很重要的体现就是中华民族的传统节日。中国的传统节日大多是按农历而不是世界通用的公历来确定的，其中最广为人知的是春节。

春节

春节一般在每年公历的一二月份，正是冬天最寒冷的时候。但不管天气多冷，交通多拥堵，中国人都会回家。因为对绝大多数中国人来说，春节回家就像是一个重要的仪式，表明旧的一年过去，新的一年开始。因此，这个节日也俗称为"过年"。

和世界各国的节日一样，中国的春节也有很多习俗，比如放鞭炮、贴春联、挂年画、逛庙会等等。不过，不管你参与什么活动，一定会发现到处充满了红色：鞭炮是红色的，春联是红色的，年画是红色的，庙会上的很多物品都是红色的。在中国人眼中，

农历，是中国长期采用的一种传统历法，目的是为了更好地指导农业生产。由此我们可以看出，中国是个多么重视农业的国家呀。

红色是让人喜悦的颜色，是正面的、积极的。同时，这种美好的情绪在亲人之间传递，无论多么糟糕的一年都会被忘记，新的一年变得充满希望和可能。由此你可以理解，在中国，团聚本身就是一种仪式，是儒家思想中"家和万事兴"的直接体现，而大多数中国节日都与这种思想有关。

提示：了解中国其他几个重要的传统节日，包括元宵节、清明节、端午节、中秋节、重阳节等。

中国是个非常注重饮食的国家，节日里的饮食就更重要了。团聚的中国人一定要吃一顿团圆饭，这几乎是所有节日仪式里都不可缺少的部分。

中国菜

很多人知道中国人过春节要吃"饺子"，不过这句话只说对了一半，中国北方人过年的确吃饺子，饺子的发音有某种寓意，表明旧的一年过去，新的一年到来。不过南方人并没有这个习俗，他们大多会选择吃年糕。有趣的是，年糕的发音里也有某种寓意，表明一年比一年好。

由此可以看出，中国广阔的地域形成了各地千差万别的饮食风格。有人曾经总结为"南甜北咸东辣西酸"，但这句话也容易引起误解，因为西南方的四川，是以辣菜而闻名天下的。为了梳理中国菜，也曾经有四大菜系、八大菜系的分法，但同样很难穷尽中国各地的菜肴。有人尝试计算中国菜种类，发现仅土豆一种，就能做出2000多道菜。

八大菜系的简单展示

中国菜常见的烹饪方法

Chǎo 炒

Zhá 炸

Zhēng 蒸

Zhǔ 煮

Kǎo 烤

Shuàn 涮

你记住他们了吗？

你认为下面这些说法对吗？

如果想到中国看大熊猫，当然是去中国首都北京啦！

北京故宫有8000多间房子，修建这些房子一根钉子都不用。

兵马俑是石头雕成的，所以它们埋在地下2000年也没有损坏。

秦始皇是中国第一个皇帝，但他不是第一个修长城的人。

中国人用动物来记录年份，2012年是龙年。

姚明生活在中国现代大都市上海，所以他从来不读关于中国古代的书。

中国各地过年都吃饺子和年糕。

汉字是中国人使用的书面交际工具，但书写汉字也可以成为艺术，称为书法。

中国古人为了获得社会地位，都要读孔子写的书，其中最重要的是《论语》。

西安是丝绸之路的起点，古代叫长安，当时这条路一直通到古罗马。

答案：∧×∧××∧∧×∧×

生肖也称属相,是中国和东亚地区一些国家用来代表年份的十二种动物。每个人出生年的代表动物就是这个人的生肖。中国人的十二生肖,按顺序分别为鼠、牛、虎、兔、龙、蛇、马、羊、猴、鸡、狗、猪。

鼠

1948、1960、1972、
1984、1996、2008

牛

1949、1961、1973、
1985、1997、2009

虎

1950、1962、1974、
1986、1998、2010

兔

1951、1963、1975、
1987、1999、2011

龙

1952、1964、1976、
1988、2000、2012

蛇

1953、1965、1977、
1989、2001、2013

马

1954、1966、1978、
1990、2002、2014

羊

1955、1967、1979、
1991、2003、2015

猴

1956、1968、1980、
1992、2004、2016

鸡

1957、1969、1981、
1993、2005、2017

狗

1958、1970、1982、
1994、2006、2018

猪

1959、1971、1983、
1995、2007、2019

在中国旅行

很高兴你们能顺利通过第一关。现在你可以告诉朋友们,我知道中国,对,就是那个东方古国。但是,这还只是开始,进入第二关,我们得去实地看看中国啦。

★ A Trip to China

还记得中国的陆地面积吗？960万平方公里。所以，如果要穿越这个国家，无论自西向东还是自北向南，你都需要飞行6个小时。如果你仔细观察，会发现脚下的土地并不平坦。从西部到东部，中国的地形就像踩着三级阶梯一样逐渐降低。

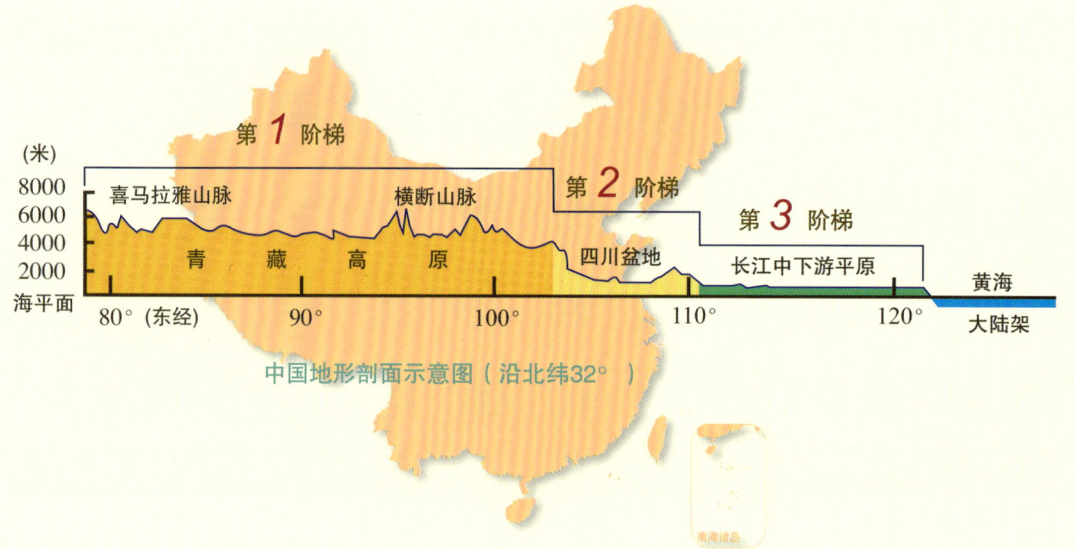

中国地形剖面示意图（沿北纬32°）

这样一来，中国两条最重要的河流——长江（6397公里）和黄河（5464公里），就顺着阶梯，一路从青藏高原流向太平洋。这两条河在中国历史上有着举足轻重的意义。

长江是中国最长的河，也是世界第三长河，沿途穿过很多重要的城市，是名副其实的"长"江。

在中国旅行

黄河源头很清澈,但中途携带大量泥沙,成为一条真正的"黄"河。

你好,中国 > 27

西高东低、阶梯分布的地形不仅引导了两条大河的流向，也影响了中国的气候。来自东面海洋的降水，滋润着中东部的土壤，尤其是第三级阶梯上的东部平原，温和的气候与肥沃的土壤使人们很早就开始享受平静的农耕生活，这也使黄河中下游和长江中下游都孕育出了中国古老的文明。直到今天，这些地方仍是中国重要的农业区。

72℃！2011年6月22日，火焰山的地表实测温度。

与此形成鲜明对比的是，第一阶梯的西北地区因为深处内陆而非常干旱。当东南沿海不断受到台风和暴雨的袭击时，新疆火焰山的土地已经快要被太阳晒干了，炙热的地面轻易就能烤熟一只鸡蛋。

强烈的对比也出现在南方与北方之间。每年2月，东北部的哈尔滨人裹着厚重的大衣在室外赏冰灯，而南方的广州人则套一件薄薄的毛衣就出门逛花市了。

巨大的地形和气候差异，使划分为34个行政单位的中国各地拥有不同的特色以及不同的生活习惯。比如，在气候湿润的南方，人们种植水稻，喜欢吃大米饭。在干旱一些的北方则种植更节水的小麦，那里的人们能用面粉做成各种花样的面食。这种种的差异被中国人归纳为一句话："一方水土养一方人。"

请在中国地图上找一找34个行政区划，包括4个直辖市、23个省、5个自治区和2个特别行政区。

中国人常吃的主食

水稻

米饭

粥

小麦

面条

饺子

包子

要想充分体验这句话，不如让我们从空中落回地面，在广阔的中国大地上走一走。也许你会像哥伦布发现新大陆一样，感到无比新鲜。

出发前，来看看我们的路线图吧！

旅行路线：

1.漠河→2.呼伦贝尔→3.泰山→4.壶口瀑布→5.青海湖→6.新疆→7.西藏→8.丽江→9.九寨沟→10.长江三峡→11.黄山→12.宏村→13.苏州园林→14.桂林山水→15.台湾岛→16.海南岛

漠河，中国最北端的小城，它背靠中国最大的原始森林——大兴安岭。在这里，你的眼睛将被绿色淹没……

1. 漠河

可惜的是，一年中的大部分时候，这片绿色海洋都会被冰雪覆盖。漠河每年有七个月的气温都在零摄氏度以下，绿色在这里短暂而珍贵。所以，要看漠河的绿色就选择夏天。运气足够好的话，你还能在北极村看到美丽的北极光。

在中国旅行

当然，漠河零下40度的冬天，也并不像想象的那么可怕。天气虽然无比寒冷，但人们的欢乐却一点儿都没有减少。

2. 呼伦贝尔

离开寒冷的漠河,穿过广袤的森林,眼前的视野慢慢开阔起来——呼伦贝尔大草原展现在眼前。风吹过的地方,一群群牛羊在草丛间闪现。

呼伦贝尔虽然是大草原,却得名于水,呼伦与贝尔是这里最有名的两个湖泊。3000多条河流和500多个湖泊滋养了呼伦贝尔浓密的草场,肥美的鲜草喂养了数不尽的牛羊。

在中国旅行

呼伦贝尔还是中国蒙古族世代居住的地方，牧民们至今仍保留着许多民族传统习俗。特别是每年6月到8月的那达慕大会，蒙古族男子们通过骑马、摔跤和射箭来展现力量与智慧。

3. 泰山

　　离开草原，一路向南，越过长城，我们来到孔子的家乡山东省。在这里，我们要去登一座重要的山——泰山。

　　泰山并不高，与中国其他山峰相比，也远远称不上险，攀爬的过程几乎没有任何困难。不过，当你爬上山顶，一定会感觉离天很近，仿佛整个世界都在你脚下。这得益于泰山主峰被群山拱绕的气势。秦始皇统一中国之后就多次登上泰山，在祭拜天地的同时也宣告自己是天下的主人。

　　泰山的尊贵地位不但吸引了古代帝王，也吸引了很多文人墨客。他们把泰山作为天然的工作室，在这里留下了许多石刻书法作品。有多少呢？从公元前200多年开始至今，共约1800多处。

秦始皇登山祭拜的行为在中国称为封禅，很多古代帝王都会这么做。除了泰山，还有四座山也常常用作封禅，它们被合称为"五岳"。泰山在五岳中地位最高。

4. 壶口瀑布

从泰山上下来,往北走就能看到黄河。黄河流到山东,河水已经变得缓和而宁静了,但在上游的壶口,你将看到这条河截然不同的另一面。

壶口就像它的名字一样,上宽而下窄。在这里,黄河由300米宽一下缩为50米。水量激增,奔腾而下,激起千层浪花,发出剧烈声响。所以,一首有名的中国歌曲《黄河大合唱》中,这样形容黄河——风在吼,马在啸,黄河在咆哮。你要是足够有胆量,可以尝试站在离水流最近的石头上,听听黄河是怎样咆哮的。

5. 青海湖

　　同样是水,壶口瀑布达到的是运动的极致,而躺在黄河源头不远处的青海湖则展示出宁静的美——远处的雪山与天上的白云似乎很难分开,而湖水则比天空更蓝。

在中国旅行

七八月里，油菜花开遍湖畔，为蓝色的天地间抹上一笔金黄。湖西的鸟岛更是热闹非凡，一派生机，就像鸟儿们的天堂。

你好，中国 > 39

6. 新疆

从蓝色的青海湖继续向西北行进，进入新疆，天地的颜色就彻底改变了。还记得火焰山的高温吗？在四分之一土地为沙漠覆盖的新疆，水的故事更加精彩。

胡杨树靠着沙漠下仅有的一点儿地下水顽强地活了下来。为了汲取水分，它们把根扎得极深，所以即使干枯也不会倒下！

　　而在靠近雪山和河流的吐鲁番，人们挖沟凿渠，引来雪山融水，在沙漠中建起了葡萄沟这样的绿洲。

　　享受着充足的日照和清凉的雪水，葡萄沟种出的葡萄分外甜。

在中国西南的西藏，雪山不再孕育绿洲，而是自成风光。西藏边缘的珠穆朗玛峰是地球上最高的地方，登上珠峰顶端是很多人的梦想。

珠穆朗玛峰

7. 西藏

被藏族人视为"神灵之山"的冈仁波齐峰虽然高度比不上珠穆朗玛峰，却神圣不可侵犯，至今都无人登顶。若能有幸看到常年云雾缭绕的冈仁波齐峰峰顶，在当地人眼中已是极为难得的福气。

在西藏，像珠穆朗玛和冈仁波齐这样6000米以上的雪山有近80座，每一座都有自己的风景和故事。

玉龙雪山：
北半球离赤道最近的山，山脚下是绿油油的草甸，山顶却有终年不化的白雪。

8. 丽江

为了朝拜神圣的雪山，人们千里跋涉。而在云南省的丽江古城，人们抬抬头，雪山就在眼前。

丽江古城有800年的历史，整个小城没有城墙，一条古老的供水系统联结起各家各户，门前屋后，流水潺潺。

来到丽江，你会感到时间瞬间慢了下来。当地纳西族人的一天总是很长，养花种草，喝茶聊天，欢歌乐舞。

一位记者曾问一位纳西族老人：这里的生活节奏是不是太慢了？老人说：每个人生下来就在奔向人生的终点，何必走得那样快呢？

9.九寨沟

　　告别被时间眷顾的丽江,我们向北来到四川九寨沟。还记得吗?四川是大熊猫的家乡。运气好的话,你也许能在这里和大熊猫不期而遇哦。

　　当然,即便巧遇没有发生,你也不必有丝毫遗憾,因为你进入的是像童话一样的美丽世界。

　　这里的风景就像一幅幅天然的油画。画家们如果来到九寨沟,只会懊恼自己的调色板实在太过单调,无论如何也调不出眼前这么丰富的色彩。

　　至于九寨沟奇幻的色彩是如何产生的,你不妨去探究一下。不过,在当地人心中,这一切都是上天的恩赐。

瞿塘峡

10. 长江三峡

离开九寨沟绚烂的美景，我们沿着长江顺流而下。漫长的行程中，无数景色从两边掠过，但其中有三段著名的峡谷却不能错过，它们合称为"长江三峡"。

瞿塘峡、巫峡、西陵峡，中国古人已经留下了很好的总结词：瞿塘峡雄伟，巫峡秀美，西陵峡险峻。是否如此，还需要你来感受。

游览三峡，人坐在船中，而眼睛看的是山峰，三峡也正是由一个连着一个的山峰串联起来的。

巫峡

西陵峡

11. 黄山

长江奔流出三峡,继续向东流淌,进入中部省份安徽。有着中国"第一奇山"之称的黄山,就坐落在安徽南部。

黄山究竟有多神奇?旅行家徐霞客(1587-1641)遍访各地名山,留下这样一句话:五岳归来不看山,黄山归来不看岳。意思是,看过黄山,其他所有的山都不用看,不想看了。

云雾:云雾中的黄山,如果要形容,就像天然的中国山水画。就像这两幅图,你能分清哪个是自然景色,哪个是画儿吗?

在中国旅行

黄山真的有如此神奇吗？有人不信，他决定亲自去看看。当他登上某一处山峰时，终于叹服，黄山真是天下奇山。于是这座山峰被命名为"始信峰"。

松树：进入黄山，最早迎接你的是这棵张开手臂的"迎客松"。据说它已经在这里站了至少800年。有没有发现它的根扎在石缝里，那么，养分是从哪里来的呢？

石头：这块石头就像从天外飞来，不偏不倚，正好落在下面的大石台上，于是得名"飞来石"。在黄山，这样的怪石随处可见。

12. 宏村

　　黄山脚下分布着很多小村落，它们看起来都很相似，青山绿水，白墙黑瓦。但其中的宏村是最独特的。为什么呢？

　　宏村的古建筑保留得很好，所以你的眼光每到一处，都可能欣赏到好几百年前的杰作。

　　不过这依然不是它独特的理由。当我们走出宏村，爬到附近的山上向下俯视，答案原来在这里：从村西的河流引来水源，绕过村里每户人家，流到村子中心的半月形池塘，然后继续前行，流向村南的南湖。水系看起来设计非常巧妙，那么，到底是怎么布局的呢？

在中国旅行

当地村民会告诉你：山是牛头，树是角，屋子是牛身，桥是脚。而你看到的水系正是模仿牛的生理构造而建成的，所以被称为牛形水系。

这种富有想象力的仿生学设计使小村900年来家家户户安居乐业。

这些高出屋顶的砖墙，像不像一匹匹昂着头的骏马？这叫"马头墙"，据说它防火、防盗、防风。

你好，中国 > 49

13. 苏州园林

也许你还沉浸在宏村的巧妙设计里，但我们又不得不顺江而下了。在长江下游的苏州，人们干脆把自然搬到了家里。听上去很难想象吧？进几座园林逛逛，你就明白了。

拙政园：拙政园是最典型的中国江南园林。有山水树木，亭台楼阁，仿佛大自然有什么，园林里就造什么。

在中国旅行

狮子林：你看它们像什么？狮子，还是狮子，所以这个园林称为"狮子林"。一共多少只？不如你去数数吧。

洞门与花窗：大自然有什么就造什么似乎还不够，最重要的是，通过这些布局，你从哪个角度去看，都是一幅不同的画。

14. 桂林山水

看完了长江沿岸的风景，我们继续向西南。在广西桂林，我们又要回到真山真水里来。

如果你了解一些地理知识，喀斯特地貌应该并不陌生，这种地质现象在世界上并不罕见。不过桂林漓江的风景似乎还是受到了大自然的眷顾，所以有了"桂林山水甲天下"的美名。

船行在清澈的漓江上，两岸的青山一座座拔地而起，各不相连。它们的形态总让人浮想连篇。

瞧瞧这座山，很像一头正伸长鼻子在江边饮水的大象吧？没错，它就叫象山。

在中国旅行

在漓江上看鱼鹰捕鱼是另一桩有趣的事。千百年来，鱼鹰一直是漓江渔民的得力助手。即便在黑夜里，也只需一柱灯光就能帮助它们准确地将鱼儿叼起。

离开大陆，我们来到中国最大的岛屿——台湾岛。还记得中国的地势是西高东低吗？中国东部地区的海拔大多在500米以下，而到了台湾岛上，情况却完全不同了。这里海拔3000米以上的高峰超过260座，最高峰玉山海拔比青藏高原上的拉萨市还要高。

你坐过火车登山吗？来台湾阿里山试试，火车带你从海拔30米一路上升到2450米。很刺激吧？

15. 台湾岛

在台湾，水果摊像风景一样不能错过。正如你可以从海拔30米一直冲到2000多米，所以，不论是温带、亚热带还是热带的水果，几乎都能在岛上找到适宜的落脚地。

16. 海南岛

与台湾相比，海南岛则完全是热带风光。南端的三亚是典型的度假城市，蓝天白云，沙滩椰林，一年四季都不缺度假的游人。最重要的是，中国虽然有着漫长的海岸线，但拥有热带海洋风光的城市却并不多，三亚自然成了很多人度假的首选。

古时候，海南岛对人们来说太遥远了，到了这里人们就认为到了"天涯海角"，意思是天的边际，海的尽头。石柱上写的正是"天涯"与"海角"。

你记住他们了吗？

从零下40度的漠河到"东方夏威夷"三亚，我们走遍了大半个中国。从森林到草原，从沙漠到平原，从山脉到河流，从岛屿到海洋，从乡村到城市。这趟旅行给你留下了怎样的印象呢？如果你与朋友谈起这个国家，又会怎样形容？现在汤姆的爸爸将到中国工作，他们全家计划一同前往。以下是他们想在中国做的一些事情，你来帮他们选择合适的旅游地吧。

想到中国看北极光	西藏
想到中国最大的草原骑马	广西桂林
想听听黄河咆哮的声音	四川九寨沟
想找一个湖泊观鸟	长江三峡
想感受中国最热的沙漠	安徽宏村
想吃中国最甜的葡萄	黑龙江漠河
想攀登世界最高峰	新疆吐鲁番
想在一座悠闲的古城住一住	江苏苏州
想看五颜六色的湖泊	青海湖
想坐船游览中国最长的河流	黄河壶口瀑布
想找一个仿照牛的生理结构建造的古村	新疆火焰山
想欣赏中国最美的园林	海南三亚
想去中国最大的岛屿	内蒙古呼伦贝尔草原
想找一座像大象一样的山	台湾岛
想在冬天找个海滨度假	云南丽江

中国的世界遗产

① **长城**
　文化遗产（参见P16-17）

② **明清皇宫（北京故宫、沈阳故宫）**
　文化遗产（北京故宫参见P12-13）

③ **陕西秦始皇陵及兵马俑**
　文化遗产（参见P14-15）

④ **甘肃敦煌莫高窟**
　文化遗产
　莫高窟是中国20世纪最有价值的文化发现，各类洞窟、塑像、壁画等展示了延续千年的佛教艺术。

⑤ **北京周口店北京猿人遗址**
　文化遗产
　这一遗址证实了50万年前，北京地区已经有人类活动。

⑥ **山东泰山**
　自然与文化双遗产（参见P36）

敦煌莫高窟

⑨ **四川九寨沟国家级名胜区**
自然遗产（参见P44）

⑩ **四川黄龙国家级名胜区**
自然遗产

与九寨沟相似的地貌特征，拥有罕见的地表钙华景观，所以才能呈现出奇幻的色彩。

⑪ **西藏拉萨布达拉宫历史建筑群**
文化遗产

包括布达拉宫、大昭寺、罗布林卡，了解西藏的历史不能不了解布达拉宫。

⑦ **安徽黄山**
自然与文化双遗产（参见P46-47）

⑧ **湖南武陵源风景名胜区**
自然遗产

独特的地质地貌就像电影《阿凡达》中的仙境一样。

⑫ **河北承德避暑山庄及周围庙宇**
文化遗产

避暑山庄建于18世纪，是清朝皇族的夏季行宫。与故宫对应，避暑山庄是现存最大的古代帝王宫苑。

北京颐和园

中国的世界遗产

西藏拉萨布达拉宫

13 山东曲阜孔庙、孔府及孔林
文化遗产
孔子后代2000多年的家族历史都在这里呈现。（孔子参见P20）

14 湖北武当山古建筑群
文化遗产
集中体现了中国13—19世纪世俗建筑和宗教建筑的艺术成就。

15 江西庐山风景名胜区
文化遗产
充分体现了山水文化在中国历史上的地位，庐山与泰山相似，都是典型的文化名山。

16 四川峨眉山
—乐山风景名胜区
自然与文化双遗产
峨眉山是中国四大佛教名山之一，乐山大佛是世界现存最大的摩崖石像，山与佛完全融合。

17 云南丽江古城
文化遗产（参见P43）

四川乐山大佛

你好，中国 > 59

18 山西平遥古城

文化遗产

平遥古城存在的历史有2800年，现在的城区是14世纪开始修建的，仍保存完整。

19 江苏苏州古典园林

文化遗产（参见P50-51）

20 北京颐和园

文化遗产

颐和园是18世纪开始修建的皇家园林。它模仿江南园林风格，设计出中国北方的风景园林杰作。

北京天坛

21 北京天坛

文化遗产

北京天坛建于15世纪，是古代皇帝祭祀上天、祈求丰收的地方。在天坛，你能真切感受到天地与人之间的关系。

22 重庆大足石刻

文化遗产

中国各种宗教思想的摩崖石刻汇聚在这里，蔚为奇观。

23 福建武夷山

自然与文化双遗产

独特的地貌、古老的物种已经使这里的自然风光独具特色，而大量古代寺庙和书院遗址又体现出文化名山的气质。

河南洛阳龙门石窟

浙江杭州西湖

24 四川青城山与都江堰
文化遗产
青城山是中国道教发源地之一，都江堰是中国古代著名的水利工程。

25 河南洛阳龙门石窟
文化遗产
代表了6-10世纪中国石刻艺术的最高峰。

26 明清皇家陵寝
文化遗产
从14世纪到20世纪，中国皇帝们精心设计离开世界后的居所，体现了500多年里中国人的世界观与权力观。

27 安徽古村落：西递、宏村
文化遗产
西递与宏村相邻，同样具有保存完好的古村落形态和民居建筑。（宏村参见P48-49）

28 山西大同云冈石窟
文化遗产
公元5-6世纪中国佛教艺术的经典杰作。

29 云南三江并流
自然遗产
三条大江并行却并不交汇的自然奇观极为罕见。

30 高句丽王城、王陵及贵族墓葬
文化遗产
一个东北地区少数民族古老政权的墓葬，政权早已消失，但文明却被留存。

安徽西递古村落

中国丹霞：江西鹰潭龙虎山

31 澳门历史城区

文化遗产

中西风格的建筑交相辉映，与澳门独特的地理位置密切相关。

32 四川大熊猫栖息地

自然遗产

除了四川，陕西和甘肃也有大熊猫，不过要说数量和种群最多还是在四川，要看大熊猫还是来四川吧。

33 河南安阳殷墟

文化遗产

甲骨文、青铜器、玉器、古代历法……3300多年前的中国人创造的文明在这里充分展现出来。

34 中国南方喀斯特

自然遗产

中国南方好几个省份都有喀斯特地貌，不过桂林漓江的风景依然是其中最美的。

35 广东开平碉楼与村落

文化遗产

开平碉楼的建筑风格非常丰富，你能从中找到文艺复兴、巴洛克，甚至古罗马、古希腊的建筑元素。

36 福建土楼

文化遗产

世界上唯一的山区大型夯土民居建筑。住在土楼里，你可以安心地生活，三个月都不用出门。

福建土楼

62

中国的世界遗产

37 江西三清山国家公园
自然遗产
黄山很美，有人看过三清山以后，认为可以超过黄山。"百闻不如一见"，对比一下才知道高下。

38 山西五台山
文化遗产
五台山，又一座佛教名山。

39 河南登封"天地之中"历史建筑群
文化遗产
这里除了已经世界知名的少林寺，还保留有700年前的天文台——观星台。

40 中国丹霞
自然遗产
丹，红色的意思；霞，天上的霞光。这种地貌分布在中国南方多个省份，是许多重大地质事件的重要证据。

41 浙江杭州西湖文化景观
文化遗产
西湖是中国著名的观赏性湖泊，展现了中国景观的美学思想。"上有天堂，下有苏杭"，苏州园林、杭州西湖，对中国人来说，也像符号一样。

42 内蒙古自治区元上都遗址
文化遗产
农耕文化与游牧文化的奇妙结合。

43 云南澄江化石地
自然遗产
化石群生动再现了5.3亿年前海洋生命的壮丽景观。

信息：深入地了解中国的世界遗产，可访问联合国教科文组织世界遗产中心官方网站
http://whc.unesco.org/en/statesparties/cn

广东开平碉楼

关于"认识中国"

"认识中国"是这样的一套丛书：从第一本《你好，中国》开始，她就友好地邀请您加入"认识中国"的阅读体验。她将带着你一起去探索这个或许对你来说陌生，甚至有些神秘的国家。随着丛书内容的深入，你会了解更多与中国有关的故事，这些故事将丰富你的人生体验。

2012年出版的有：

"认识中国"系列丛书之一——《你好，中国》

"认识中国"系列丛书之二——《中国的历史》

"认识中国"系列丛书之三——《中国有56个民族》

深入认识中国，请持续关注本系列其他图书的出版！可登录以下网址：

北京语言大学出版社：www.blcup.com

北京语言大学出版社北美分社：www.phoenixtree.com